Mein Bilderbuchschatz

Von Drachen, Bären und schönen Träumen

von
Lieve Baeten, Kirsten Boie,
Astrid Lindgren, Paul Maar u. a.

Verlag Friedrich Oetinger · Hamburg

Inhalt

Ute Krause, Dorothy Palanza:
Helma legt die Gockel rein
Seite 7

Astrid Lindgren, Rolf Rettich:
Pippi feiert Geburtstag
Seite 35

Kirsten Boie, Katrin Engelking:
Bärenmärchen
Seite 60

Erhard Dietl:
Wenn ich groß bin (Auszug)
Seite 89

Kirsten Boie, Jutta Timm:
Ein Stier im Wohnzimmer
Seite 98

Paul Maar, Reinhard Michl:
Tierische Freundschaften (Auszug)
Seite 123

Lieve Baeten:
Kleiner, schrecklicher Drache
Seite 131

Eva Eriksson:
Bella geht einkaufen
Seite 159

Lena Arro, Catarina Kruusval:
Makrelen-August fährt zur See
Seite 187

Kirsten Boie, Silke Brix:
Linnea geht nur ein bisschen verloren
Seite 212

© Verlag Friedrich Oetinger GmbH, Hamburg 2006, 2015
Alle Rechte vorbehalten
Einband von Marina Krämer
Druck und Bindung: Balto print, Vilnius
Printed 2015
ISBN 978-3-7891-7784-2

www.oetinger.de

Ute Krause · Dorothy Palanza

Helma legt die Gockel rein

Helma hatte viele Freunde auf dem Bauernhof.
Aber ihre allerbeste Freundin war Luise.
Bei Regen spielten sie in Helmas Haus,

und wenn die Sonne schien, bei Luise.

Die beiden machten einfach alles gemeinsam.

Nun – fast alles.

Am liebsten aber machten sie zusammen Musik.
Helma zupfte auf der Gitarre und Luise sang „uiek-uiek" dazu. So verbrachten sie viele lustige Stunden.

Eines Tages wurden die Bauernhoftiere früher als sonst geweckt. Eine laute Stimme rief: „Aufstehen! Zack, zack!"

Verwundert schaute Helma aus ihrem Hühnerhaus hinaus. Das klang gar nicht nach Herrn Breitfuß, dem Hahn. Und tatsächlich stand dort ein fremder Hahn mitten auf dem Hof.

„Wo ist denn Herr Breitfuß?", fragte Helma. „Der ist zu alt geworden. Ab sofort bin ich hier der Chef", sagte der fremde Hahn.

„Aus dem Weg", fauchte er Otto, den Gänserich, an. Dann sprang er mit einem Satz auf Antons Hundehütte und schaute auf die Tiere herab. „Das ist ab jetzt mein Haus! Und du da!" Er zeigte auf Helma. „Du wirst nicht mehr mit dem Schwein spielen. Meine Hühner sind zum Eierlegen da. Der Bauernhof ist schließlich kein Spielplatz!"

Am Nachmittag trafen sich die Tiere heimlich in der Scheune, um zu beratschlagen.

„Ich will auf jeden Fall weiter mit Luise spielen", sagte Helma.

„Und meine Hundehütte gehört mir", knurrte Anton böse.

„Den müssen wir wieder loswerden", brummte Mona, die Kuh. Nur wie? Die Tiere sahen sich ratlos an.

„Ich weiß was", sagte Helma. „Wir tun einfach so, als würden wir morgens nicht aufwachen. Wenn wir alle dauernd verschlafen, dann schickt der Bauer den Hahn bestimmt wieder weg!"

Und so rührte sich am nächsten Morgen nichts und niemand auf dem Bauernhof, obwohl der Hahn aus Leibeskräften krähte.
Die Hühner schliefen und hatten noch kein einziges Ei gelegt. Mona schnarchte, anstatt Milch zu geben, und Anton bellte nicht am Tor, als der Briefträger kam.
Am Morgen danach war es genauso. Wieder schienen die Tiere fest zu schlafen und rührten sich nicht, als der Hahn sie wecken wollte. Und am darauffolgenden Morgen war es wieder so. Da schickte der Bauer den Hahn tatsächlich weg.

War das eine Freude!
Alle gratulierten Helma zu ihrer guten Idee. Aber sie freuten sich zu früh, denn noch am selben Tag kam ein neuer Hahn.
Und der war auch nicht besser als der andere.
„Wir machen weiter wie bisher!", flüsterte Helma den Tieren zu.

Und so regte sich am nächsten Morgen wieder nichts und niemand auf dem Bauernhof.

Der neue Hahn krähte und krähte, bis er heiser war und keinen Ton mehr herausbrachte. Auch der Bauer war sprachlos. Denn wenn er keine Eier verkaufen und keine Milch ausliefern konnte, hatte er bald kein Geld mehr!

Schließlich schickte er auch den zweiten Hahn wieder weg und fuhr auf den Markt. Dort wollte er einen Hahn mit einer besonders lauten und kräftigen Stimme kaufen. Und streng sollte er auch sein.

Als der Bauer vom Markt zurückkam, brachte er nicht nur einen neuen Hahn, sondern auch eine große Holzkiste mit.
Neugierig kamen die Tiere näher und scharten sich um die Kiste.
„Was hat das zu bedeuten?", fragte Helma.
„Das ist eine Schweinekiste", sagte Mona. „Ob der Bauer Luise wegschicken will?"
„Er muss sie verkaufen. Der neue Hahn hat zu viel Geld gekostet", bellte Anton. Als Hofhund wusste er immer über alles Bescheid.

Erschrocken starrten die Tiere auf die Kiste.
„Luise darf nicht weg!", rief Helma.
„Wir könnten sie verstecken", meckerte Heinrich, die Ziege.
„Dafür ist Luise doch viel zu groß", schnatterte Otto. „Wir verkleiden sie!"
„Als was denn?" Mona schüttelte den Kopf. „Nein. Luise muss eine Aufgabe bekommen. Der Bauer muss merken, dass er Luise unbedingt auf dem Hof braucht."
Heinrich schaute sie fragend an. „Aber sie legt keine Eier, gibt keine Milch und Wolle hat sie auch keine."

Luise senkte den Kopf. „Ich kann gar nichts", flüsterte sie traurig.
„Du könntest auf den Hof aufpassen", sagte Otto.
„Das ist meine Aufgabe", knurrte Anton.
„Ich weiß was!", rief Helma plötzlich. „Damit können wir das Problem ein für alle Mal lösen."
Die Tiere steckten die Köpfe zusammen und Helma erzählte leise ihren Plan.

Am Abend trafen sich Helma und Luise auf einem großen Weizenfeld. Dort waren sie ganz allein und niemand konnte sie hören. Helma hatte nämlich ihre Gitarre dabei.
„Lauter", feuerte sie Luise an, die aus vollem Hals „uiek-uiek" brüllte. Und so übten sie, bis die Sonne aufging.

Als sie im Morgengrauen zum Hof zurückkamen, regte sich wieder nichts und niemand, obwohl der strenge Hahn mit seiner kräftigen Stimme krähte, so laut er nur konnte.

Da kletterte Luise auf Antons Hundehütte, holte tief Luft und quiekte, so laut sie konnte: „KIKERIKUIEK!"
Plötzlich kam Leben auf den Bauernhof. Die Tiere reckten und streckten sich. Die Hühner setzten sich auf ihre Nester, um ihr Morgenei zu legen, und Mona muhte, dass die Milch fertig sei.

Die Tiere freuten sich, als sie sahen, dass der Hahn weggebracht wurde. Ab jetzt war es nämlich Luises Aufgabe, morgens die Tiere zu wecken. Sie bekam sogar eine doppelte Portion Schweinefutter zugeteilt, denn sie wurde ja jetzt auf dem Hof unbedingt gebraucht.

Aber vor allen Dingen konnten Helma und Luise wieder alles zusammen machen. Wenn es regnete, trafen sie sich in Helmas Haus, und wenn die Sonne schien, spielten sie bei Luise.

Astrid Lindgren · Rolf Rettich

Pippi feiert Geburtstag

Am Rand der kleinen, kleinen Stadt lag ein verwilderter Garten. Ganz hinten im Garten stand ein altes Haus, das hieß Villa Kunterbunt, und dort wohnte Pippilotta Viktualia Rollgardina Pfefferminz Efraimstochter Langstrumpf, genannt Pippi.

Pippi wohnte ganz allein in dem Haus, denn sie hatte keine Mama und keinen Papa, und eigentlich war das sehr schön. So war niemand da, der ihr sagen konnte, was sie tun sollte. Pippi war ein merkwürdiges Kind, vielleicht das merkwürdigste, das es gab, wenigstens in dieser Stadt. Und nirgends, weder in der kleinen Stadt noch auf einem anderen Fleck der Erdkugel, gab es jemanden, der so stark war wie sie. Sie hatte ein eigenes Pferd, das wohnte auf der Veranda. Und wenn Pippi ihren Nachmittagskaffee dort trinken wollte, hob sie es in den Garten hinaus. Und sie hatte einen kleinen Affen, der hieß Herr Nilsson.

In dem Haus nebenan wohnten zwei Kinder. Der Junge hieß Thomas und das Mädchen Annika. Das waren liebe, wohlerzogene Kinder. Seitdem Pippi Langstrumpf in die Villa Kunterbunt eingezogen war, hatten Thomas und Annika nie mehr Langeweile.
Eines Tages fanden sie einen Brief in ihrem Briefkasten.

stand darauf. Und als sie ihn aufgemacht hatten, fanden sie eine Karte.

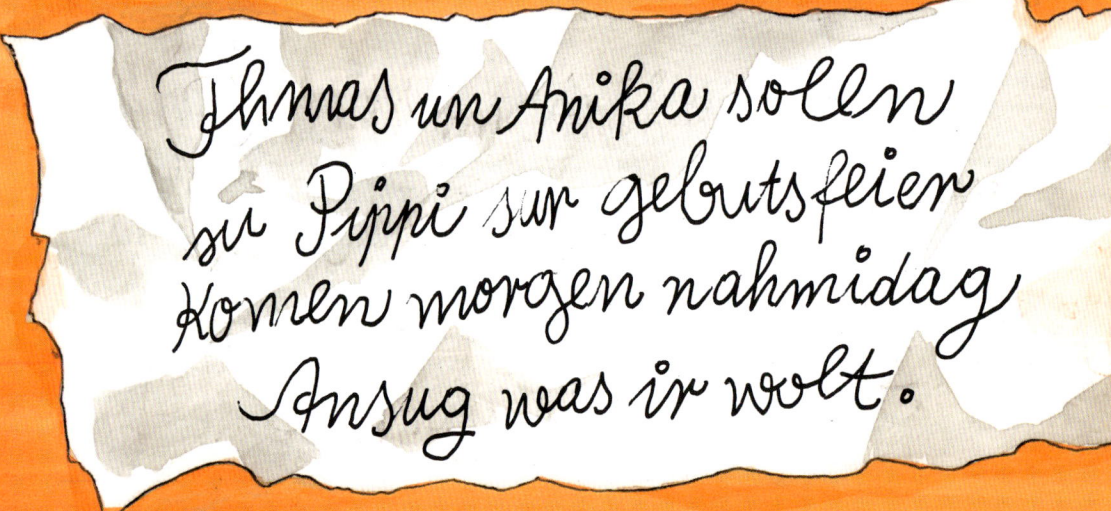

Sie verstanden sehr gut, was auf der Karte stand, wenn es auch etwas merkwürdig geschrieben war.

Am nächsten Nachmittag gingen Thomas und Annika durch die Gartentür der Villa Kunterbunt. Sie hatten natürlich ein Geschenk für Pippi gekauft.

Es war September und es dämmerte schon früh. Thomas und Annika hielten sich fest an den Händen, denn es war ganz schön dunkel in Pippis Garten und die alten Bäume rauschten so düster.
„Herbstlich", sagte Thomas.
Umso schöner war es, die erleuchteten Fenster zu sehen und zu wissen, dass sie dort Geburtstag feiern sollten.

Thomas klopfte an die Tür. Drinnen hörte man eine dumpfe Stimme murmeln: „Wer kommt da in der dunklen Nacht gegangen in mein Haus? Ist es ein Geist oder ist es bloß eine arme kleine Maus?"
„Nein, Pippi, wir sind das", rief Annika.
Da machte Pippi die Tür auf.

Die Geburtstagsfeier sollte in der Küche stattfinden, denn da war es am gemütlichsten.

„Wir gratulieren", sagten Thomas und Annika und überreichten das Paket.

Pippi bedankte sich und riss eifrig das Papier auf. Und da lag eine Spieldose darin! Pippi war ganz verrückt vor Begeisterung. Sie streichelte die Spieldose, drehte und drehte und schien alles andere vergessen zu haben. Aber plötzlich fiel ihr etwas ein.

„Liebe Kinder, ihr sollt ja eure Geburtstagsgeschenke haben", sagte sie.

„Ja, aber – wir haben doch gar nicht Geburtstag", sagten Thomas und Annika.

Pippi sah sie erstaunt an.

„Nein, aber ich hab Geburtstag und da kann ich euch ja wohl auch Geschenke machen! Oder?"

Und Pippi holte zwei Pakete. Als Thomas sein Paket öffnete, fand er eine kleine Flöte und in Annikas Paket lag eine schöne Brosche.

Als nun alle ihre Geburtstagsgeschenke bekommen hatten, setzten sich Thomas, Annika und Pippi an den Tisch. Das Pferd wurde gebeten, in der Ecke stehen zu bleiben, und kriegte Kuchen und Zucker. Auf dem Tisch waren eine Menge kleine Kuchen. Sie hatten eine sehr merkwürdige Form, aber Pippi behauptete, in China gäbe es solche Kuchen.

Pippi goss Schokolade mit Schlagsahne in die Tassen. Herr Nilsson weigerte sich, auf dem Stuhl zu sitzen, und Annika sagte, wenn es solche Kuchen in China gäbe, dann wollte sie nach China ziehen, wenn sie groß wäre.

Als Herr Nilsson seine Tasse leer getrunken hatte, drehte er sie um und setzte sie sich auf den Kopf. Als Pippi das sah, tat sie das Gleiche. Da sie aber nicht alle Schokolade ausgetrunken hatte, lief ihr ein kleines Rinnsal über Stirn und Nase. Aber sie streckte ihre Zunge heraus und hielt das Rinnsal an.
„Es darf nichts umkommen", sagte sie.
Thomas und Annika leckten erst ihre Tassen ordentlich aus, bevor sie sie auf den Kopf setzten.

Als alle satt und zufrieden waren, packte Pippi das Tischtuch an allen vier Enden und stopfte das ganze Bündel in die Holzkiste.

„Und jetzt wollen wir spielen", sagte sie und schlug ein Spiel vor, das hieß „Nicht den Fußboden berühren".

Nachdem sie eine Weile so gespielt hatten, beschlossen sie, nun etwas anderes zu spielen.

„Wollen wir auf den Dachboden gehen und die Gespenster besuchen?", fragte Pippi.

Annika erschrak. „G...g...gibt es Gespenster auf dem Boden?"

„Und ob es welche gibt! Massenhaft!", sagte Pippi. „Es wimmelt da oben von allen möglichen Gespenstern und Geistern. Man fällt direkt über sie."

„Mama hat gesagt, es gibt keine Gespenster und Geister", sagte Thomas bestimmt.

„Das glaube ich", sagte Pippi. „Nirgendwo sonst als hier. Denn alle, die es gibt, wohnen auf meinem Boden. Aber sie sind nicht gefährlich. Sie kneifen einen bloß in die Arme, dass man blaue Flecken kriegt. Und dann heulen sie. Und spielen Kegel mit ihren Köpfen."

„Sp...sp...spielen Kegel mit ihren Köpfen?", flüsterte Annika.

„Ja, genau das tun sie", sagte Pippi. „Kommt, wir gehen nach oben. Ich kann prima kegeln."

Pippi ging voran die Bodentreppe hinauf. Sie machte die Tür auf und sie standen in der Bodenkammer. Es war vollständig dunkel, abgesehen von einem kleinen Mondstrahl, der quer über den Fußboden fiel. Es stöhnte und pfiff in allen Ecken, wenn der Wind durch die Ritzen hereinblies. „Servus, ihr Gespenster alle!", rief Pippi.

Aber wenn ein Gespenst da war, so antwortete es jedenfalls nicht. Es knarrte und knackte bei jedem Schritt. Thomas und Annika wären am liebsten auf der Stelle umgekehrt und wieder nach unten gegangen.
„Übrigens", sagte Pippi, „je mehr ich darüber nachdenke, desto mehr glaube ich, dass es keine Gespenster gibt. Wer behauptet, dass es Gespenster gibt, dem drehe ich die Nase um."

„Ja, aber, du hast es doch selbst gesagt", sagte Annika.
„Wirklich? Dann werde ich mir selbst die Nase umdrehen!"

Nun waren Thomas und Annika etwas beruhigter und wagten, zum Fenster zu gehen und in den Garten hinunterzuschauen. Große dunkle Wolken zogen am Himmel entlang und taten ihr Bestes, den Mond zu verdunkeln. Und die Bäume rauschten. Thomas und Annika drehten sich um. Aber da – o wie schrecklich! – sahen sie eine weiße Gestalt, die auf sie zukam.

„Ein Geist!", schrie Thomas.

Annika hatte solche Angst, dass sie nicht einmal mehr schreien konnte. Die Gestalt kam immer näher, und Thomas und Annika drückten sich fest aneinander und machten die Augen zu.

Aber da hörten sie den Geist sagen:

„Guckt mal, was ich gefunden habe! Papas Nachthemd lag drüben in einer alten Seemannskiste. Wenn ich es ringsherum kürzer mache, kann ich es tragen."
„Oh Pippi, ich wäre vor Schreck beinah gestorben", sagte Annika.
„Ja, aber Nachthemden sind nicht gefährlich", beteuerte Pippi. „Sie beißen nur, wenn sie angegriffen werden."

Pippi entschloss sich jetzt, die Seemannskiste ordentlich zu durchsuchen. Da lagen eine ganze Menge alte Kleidungsstücke, die Pippi auf den Fußboden warf. Außerdem waren da ein Fernrohr, einige alte Bücher, drei Pistolen, ein Degen und ein Beutel mit Goldstücken.

„Tideldibum und dielidei", sagte Pippi zufrieden.

„Ist das aufregend!", sagte Thomas.

Pippi sammelte alles zusammen, dann gingen sie wieder in die Küche hinunter.

„Wenn wir wollen, können wir jetzt Seeräuber werden", sagte Pippi. „Mit dem Fernrohr kann ich fast die Flöhe in Südamerika sehen."

Da klopfte es an die Tür. Es war Thomas' und Annikas Vater, der seine Kinder abholen wollte.

Pippi verabschiedete ihre Gäste und sah ihnen nach, wie sie den Gartenweg entlanggingen. Sie drehten sich um und winkten Pippi zu, die in der Tür stand und winkte.

Es war einmal vor vielen, vielen Jahren, als die Bäume noch in den Himmel wuchsen und die Bäche so klar waren, dass man an ihrem Grund die Kieselsteine wandern sehen konnte, da lebte hoch oben in den Bergen eine Bärin. Und als der Frühling kam und die Vögel in den kahlen Zweigen wieder anfingen zu zwitschern; als der Schnee schmolz und die Sonne die Steine vor der Höhle wärmte; da bekam die Bärin ein Bärenkind.

Das hatte so strahlende Augen und ein so glänzendes Fell und seine kleinen Tatzen schlugen so vergnügt nach den ersten Hummeln des Sommers; und es war das wunderbarste Bärenkind von allen.

„Wie schön du bist", sagte die Bärin und liebte es von ganzem Herzen. Bei Tag brachte sie ihm Fische und Honig, damit es satt wurde und wachsen konnte, und nachts kuschelte es sich fest an ihr weiches, warmes Fell. Am Morgen leckte sie ihm den Pelz, bis er glänzte, und danach spielte sie mit ihm auf der Wiese vor der Höhle wilde Bärenkinderspiele, bis das Bärenkind sich erschöpft und glücklich an ihrem Bauch zum Schlafen legte; und sie liebte es so sehr, dass sein Fell immer glänzender wurde und seine Augen immer strahlender und seine Tatzen immer sicherer. Denn das ist es, was ein Bärenkind zum Aufwachsen braucht: Fische und Honig zum Essen, ein weiches, warmes Bärenfell zum Schlafen und viele freundliche kleine Lecker über Gesicht und Pelz.

„Wie schnell du groß geworden bist!", sagte die Bärin und nahm das Bärenkind mit an den Bach in der Wiese zum Fischefangen. Da jagte es Butterblumen und dicke, dumme Hummeln und zuletzt fing es fast ganz allein einen Fisch.

„Wie stark du bist! Und wie geschickt!", sagte die Bärenmutter und sie war so stolz auf ihr Kind, dass sie es am liebsten der ganzen Welt gezeigt hätte. Es war der sonnigste, wärmste Sommer und das Bärenkind war das schönste und klügste, das schnellste und stärkste, das geschickteste und fröhlichste Bärenkind; und seine Mutter liebte es sehr.

Da kam an einem Morgen, der so warm und so sonnig war wie alle, eine fremde Bärin mit ihrem Bärenkind auf die Wiese. Das hatte so ein glänzendes Fell, so strahlende Augen und so geschickte Tatzen; und die Bärenkinder spielten zusammen, den ganzen Tag; und die Bärinnen lagen am Waldrand im Schatten und betrachteten zärtlich ihre Jungen.

„Wie schön dein Bärenkind ist!", sagte höflich die Bärin zur Fremden.
„Und deins erst! Wie schön dein Bärenkind ist!", gab die Fremde höflich zurück; und sie sahen voller Stolz auf die Wiese, alle zwei, wo die beiden Bärenkinder wilde Bärenkinderspiele spielten, und jede dachte, dass ihres, ihrs ganz allein, das schönste wäre und das geschickteste und das klügste.

Aber am Abend, als die Bärin mit ihrem Jungen wieder in der Höhle lag, war das Bärenkind zum ersten Mal traurig.

„Mein Spielgefährte hatte glänzenderes Fell als ich!", sagte das Bärenkind. „Und strahlendere Bärenaugen! Ich bin doch nicht das schönste Bärenkind der Welt." Und fast hätte es sich in den Schlaf geweint.

„Ach, Unsinn, papperlapapp!", sagte die Bärenmutter und leckte ihm zärtlich übers Gesicht. „Für mich bist du das schönste von allen." Denn Liebe macht blind und das soll so sein.

Aber das Bärenkind schlief noch lange nicht ein und dachte voller Kummer, dass es nicht das schönste von allen sei; und das hatte es immer geglaubt.

Die Tage vergingen und die Sonne stand hoch; die Blätter wurden dunkler und in den Sträuchern reiften schon die ersten Beeren: Da kam an einem Morgen, der genauso warm und sonnig war wie alle, eine fremde Bärin mit ihrem Bärenkind über die Wiese. Das sollte im Bach angeln lernen, und das Bärenkind zeigte ihm eifrig, wie man das macht, den ganzen Tag; und die Bärenmütter lagen am Waldrand im Schatten und betrachteten zärtlich ihre Jungen.

„Wie geschickt dein Bärenkind ist!", sagte höflich die Bärin zur Fremden. „Und deins erst! Wie geschickt dein Bärenkind ist!", gab die Fremde höflich zurück; und sie sahen voller Stolz zum Bach, alle zwei, wo die beiden Bärenkinder um die Wette Fische fingen, und jede dachte, dass ihres, ihrs ganz allein, das stärkste wäre und das geschickteste und das klügste.

Aber am Abend, als die alte Bärin mit ihrem Jungen wieder in der Höhle lag, war das Bärenkind zum zweiten Mal traurig.

„Mein Spielgefährte hat mehr Fische gefangen als ich!", sagte das Bärenkind. „Ich bin doch nicht das geschickteste Bärenkind der Welt."

„Ach, Unsinn, papperlapapp!", sagte die Bärenmutter und leckte ihm zärtlich übers Gesicht. „Für mich bist du das geschickteste von allen."
Denn Liebe macht blind und das soll so sein.

Aber das Bärenkind schlief noch lange nicht ein und dachte voller Kummer, dass es doch nicht das geschickteste von allen sei, und das hatte es immer geglaubt.

Die Tage vergingen und die Sonne stand tiefer; die Blätter wurden gelb und in den Sträuchern summten wild die letzten Wespen: Da kamen an einem Morgen, der nicht mehr so warm und so sonnig war wie alle, zwei fremde Bärinnen mit ihren Bärenkindern auf die Wiese. Die spielten und tobten und fingen Fische im Bach und sammelten die letzten Beeren von den Sträuchern; und unser Bärenkind spielte mit ihnen, den ganzen Tag; und die Bärinnen lagen am Waldrand im Schatten und betrachteten zärtlich ihre Jungen.

„Wie fröhlich eure Bärenkinder sind!", sagte höflich die Bärin zu den Fremden. „Und wie friedlich sie spielen. Ganz ohne Streit."
„Und deins erst! Wie fröhlich dein Bärenkind spielt!", gaben die Fremden höflich zurück; und sie sahen voller Stolz auf die Wiese, alle drei, wo die Bärenkinder einander jagten, und jede dachte, dass ihres, ihrs ganz allein, das fröhlichste wäre und sicher bei den anderen beliebt.

Aber am Abend, als die Bärin mit ihrem Jungen wieder in der Höhle lag, war das Bärenkind zum dritten Mal traurig.

„Meine Spielgefährten waren schneller als ich!", sagte das Bärenkind. „Meine Spielgefährten waren schöner als ich! Und ich glaube nicht, dass sie ohne mich unglücklich gewesen wären. Ich bin doch nicht das beliebteste Bärenkind der Welt." Und fast hätte es sich in den Schlaf geweint.

„Ach, Unsinn, papperlapapp!", sagte die Bärin und leckte ihm zärtlich über das Gesicht. „Für mich bist du das beliebteste von allen." Denn Liebe macht blind und das soll so sein; auch wenn es manchmal vielleicht besser wäre, sie schärfte den Blick.

Von diesem Tag an ging das Bärenkind nicht mehr mit seiner Mutter auf die Wiese; es lag in der Höhle und starrte vor sich hin.

„Was ist mit dir, Bärenkind?", fragte die Bärenmutter erschrocken. „Warum kommst du nicht mit mir auf die Wiese zum Bach?"
Aber das Bärenkind gab keine Anwort. Wozu sollte es sein Spiegelbild im Bach ansehen, wenn es doch nicht das schönste war? Da konnte es ja gleich in der Höhle bleiben und traurig sein.
„Was ist mit dir, Bärenkind?", fragte die Bärenmutter erschrocken. „Warum kommst du nicht mehr mit, Fische fangen? Warum kommst du nicht mehr mit, Honig sammeln?"
Aber das Bärenkind gab keine Anwort. Wozu sollte es Fische fangen und Honig sammeln, wenn es doch nicht das geschickteste war? Da konnte es ja gleich in der Höhle bleiben und traurig sein.
„Was ist mit dir, Bärenkind?", fragte die Bärenmutter erschrocken. „Warum kommst du nicht mit, Freunde besuchen?"
Aber das Bärenkind gab keine Anwort. Wozu sollte es Freunde besuchen, wenn es doch nicht das beliebteste war? Da konnte es ja gleich in der Höhle bleiben und traurig sein.

Da kam an einem Morgen, der endlich kühl und herbstlich war, ein alter, müder Bär auf die Wiese. Der Dunst hing noch über dem Berg und in den Spinnweben glitzerten die Tautropfen; und die Bärin war fortgegangen, allein, um zu jagen und Fische zu fangen. Einen letzten kummervollen Blick hatte sie noch auf ihr Bärenkind geworfen, bevor sie bis zum Abend verschwand.

So fand der alte Bär niemanden vor als das Bärenkind, als er sich mühsam bis zur Höhle geschleppt hatte; an ihrem Eingang brach er erschöpft zusammen.
Er brauchte lange, bis er Kraft gesammelt hatte; dann aber sah er im Höhleneingang das Bärenkind, den Kopf in den Tatzen versteckt, das rührte und regte sich nicht.

„Nanu", sagte der alte Bär erstaunt. „Hat man dich nicht gelehrt, einen Gast zu begrüßen?"
Aber das Bärenkind schämte sich, weil es so hässlich war und nicht das schönste von allen, und es ließ sein Gesicht tief in den Tatzen vergraben.
„Ach, ach, was für ein Elend!", sagte der alte Bär müde. „Ich hatte gehofft, hier Hilfe zu finden. Denn ich bin weit gewandert und schwach und kann nicht mehr jagen."

Da dachte das Bärenkind, dass es einem, der Hunger litt, vielleicht nicht so wichtig wäre, wer seinen Fisch gefangen hätte: dass er ihn auch nehmen würde von einem, der nicht der Geschickteste war. Und weil das Bärenkind nicht schuld sein wollte am Hunger des alten Bären oder – wer weiß! – sogar an seinem Tod, machte es sich auf den Weg zum Bach und fing erst einen, dann zwei und dann drei Fische; und die ganze Zeit sah es sein Spiegelbild im Wasser.

Die Fische trug es zur Höhle und legte sie dem alten Bären vor die Tatzen. „Oh!", sagte der alte Bär erfreut. „Ich danke dir, mein Bärenkind. Was für eine Freude es ist, ein Bärenkind zu sehen, das so ein gutes Herz hat wie du und so strahlende Augen und so ein glänzendes Fell und das so geschickt ist, einem alten Bären drei Fische zu fangen! Schon lange war mir kein Anblick so lieb wie der deine."

Das Bärenkind sah ihm eine Weile beim Fressen zu und danach legte es sich auf der Wiese in die Mittagssonne und tollte zur Probe ein bisschen herum und hätte mit seinen Tatzen fast das letzte Pfauenauge geschnappt.

Und wenn es zwischendurch einmal dachte (was selten vorkam, denn es hatte genug damit zu tun, Honig aus dem hohlen Baum zu kratzen und Purzelbäume bergab zu üben), dann dachte es, dass es vielleicht nicht das schönste Bärenkind wäre und vielleicht war es nicht das geschickteste und für manche ganz entbehrlich; aber dass es heute drei Fische gefangen hatte und fast ein Pfauenauge; dass es Honig geschleckt und Purzelbäume geübt hatte und dass die Sonne ihm auf die Schnauze schien und dass die Wiese noch voller Herbstblumen stand und dass dem alten Bären sein Anblick lieb war.

Und als der Abend kam und es müde wurde, legte es sich neben dem alten Bären in die Sonne; und es träumte vom vergangenen Tag und erwartete glücklich den nächsten. So fand die Bärin bei der Heimkehr ihr Kind.

Aber was sie zu ihm gesagt hat und was das Bärenkind zu ihr; ob der alte Bär nur diese eine Nacht in der Höhle blieb oder für länger; und welche Bärenkinder das Bärenkind in Zukunft traf und was es mit ihnen spielte: Das weißt du ja sicherlich selber.
Oder?

Wenn ich groß bin, werde ich Weltraumfahrer!

Ich besuche ferne Monde

und riesige Planeten.
Dort mache ich Fotos für mein Album.

Einmal ist ein Krater furchtbar glitschig …

… und ich falle hinein.

Unten im Krater wohnen welche, die haben so einen wie mich noch nie gesehen und erschrecken sich fast zu Tode.

Ich drücke …

… schnell den Notknopf und der Rückholmagnet zieht mich zurück zu meinem Raumschiff.

Aber unterwegs knalle ich an einen Felsen.

Da merke ich, dass der Planet nach Früchtebrot schmeckt.

Ich breche mir ein paar Stücke davon ab

und nehme sie mit nach Hause.

Wenn ich groß bin, werde ich Dompteurin!

Dann reite ich auf meinem Lieblingslöwen durch die Stadt.

Und ich dressiere Goldfische,

Hunde

und Katzen.

Am schwersten ist das Dressieren von Fliegen,

aber bei mir lernen sie sogar schreiben.

Dafür bringen sie mir bei …

… wie man die Wände hochgeht.

Als Dompteurin hab ich unheimlich viele Freunde!

Kirsten Boie · Jutta Timm

Ein Stier im Wohnzimmer

Dies ist eine wahre Geschichte, ob du es glaubst oder nicht.
Ich habe sie in den Nachrichten gehört, wirklich wahr.

Lasse sitzt auf der Mülltonne neben der Garage. Es ist Samstag und das ist sonst immer der beste Tag. Weil man da nicht zur Schule muss nämlich. Da kann man das Leben so richtig genießen.

Aber heute kann Lasse das leider nicht. Heute ist Mama mit ihren Kollegen auf einer Fahrradtour und Lasse ist mit Papa allein.

„Papa, was kann ich denn mal machen?", fragt Lasse und bummert mit den Hacken gegen die Tonne. „Sag doch mal, Papa!"

Papa schiebt den Rasenmäher in den Schuppen.

„Rechnen üben vielleicht?", sagt Papa.

Und nun holt er auch noch den Kantenschneider.

„Scheißrechnen!", sagt Lasse böse. „Ich bin doch nicht blöde!" Aber er sagt das ganz leise. Damit Papa ihn nicht hört.

Nicolas und André und Malte sind heute zu einem Turnier gefahren. Die sind im Fußball eine Mannschaft über Lasse. Mit denen kann er heute auch nicht spielen.

„Du brauchst mal eine Pause, Papa", sagt Lasse. „Zu viel Arbeit ist ungesund. Wollen wir mal bolzen?"

Papa lacht und schaltet den Kantenschneider ein.

„Zu viel Faulenzen ist auch ungesund", sagt er. „Wie wäre es denn, wenn du ein bisschen lesen üben würdest?"

„Scheißlesen!", sagt Lasse böse. Aber diesmal hat er es nicht leise genug gesagt.

„Es gibt Wörter, die will ich in diesem Garten gar nicht hören", sagt Papa.
„Ja, ja, ja", sagt Lasse. Jetzt sitzt er bestimmt schon fünf Stunden auf der Mülltonne. „Ich könnte zum Beispiel ja auch mal fernsehen, Papa", sagt Lasse vorsichtig. „Nur fünf Minuten vielleicht."
„Fernsehen am Morgen?", sagt Papa. „Nichts da, mein Sohn!"
Und Lasse denkt, dass er dann gar kein Wochenende braucht.
An so einem langweiligen Tag kann er genauso gut zur Schule gehen.
Aber da hat er sich vielleicht getäuscht! Ja, ja, Lasse hat sich getäuscht.
Weil der Tag schon bald kein bisschen mehr langweilig sein wird, kein klitzekleines bisschen mehr.

An diesem Morgen nämlich stößt Alfred der Stier ganz aus Versehen gegen das Tor seiner Weide, und du weißt natürlich schon, was jetzt passieren wird:
Na klar, das Tor ist offen. Irgendwer hat es offen gelassen, das kann ja passieren.
Na, so was!, denkt Alfred der Stier. (Er denkt das natürlich in der Stiersprache, klar.) Das Tor ist ja offen! Da will ich mal raus in die Welt.
Und weil Alfred ein neugieriger Stier ist und weil er die weite Welt noch nicht kennt, macht er sich gleich auf den Weg. Und er ist allerbester Laune.

In seinem Garten ist Lasse inzwischen von der Mülltonne gestiegen.
„Papa, wann bist du denn fertig?", fragt er vorsichtig.
Die Kanten hat Papa jetzt auch schon geschnitten.
„Ich muss noch Unkraut zupfen, mein Sohn", sagt Papa und kniet sich vors Rosenbeet. „Und du kannst mir gerne mal helfen."
Lasse seufzt. „Nee, danke, vielleicht doch nicht, Papa", sagt er.
Dann holt er einmal tief Luft. „Oh, Papa, guck doch mal, Papa! Auf der Kreuzung ist gerade ein UFO gelandet!"
„Tatsächlich?", sagt Papa, ohne hochzugucken. „Was es alles so gibt!"
Dann schüttelt er die Erde von einem Büschel Löwenzahn.

„Wirklich wahr, Papa, heilig geschworen!", schreit Lasse. „Da steigen lauter Männer aus! So kleine grüne sind das, Mensch!"
Papa wischt sich mit der schmutzigen Hand über die Stirn. Da ist jetzt ein richtig sandiger Streifen.
„Na, wie schön, mein Sohn", sagt er und hat schon das nächste Bündel Unkraut in der Hand. „Vielleicht sagst du ihnen mal Guten Tag? Man soll immer höflich sein."
Und Papa schmeißt das Unkraut in seinen Eimer.
Lasse zeigt Papa einen Vogel. Aber hinter Papas Rücken, dass er nichts davon merkt. Papa hat ihm kein bisschen geglaubt, das ist doch gemein.
Aber Papa wird schon noch sehen, was er davon hat, wenn er Lasse nicht glaubt.
Ja, ja, das wird Papa noch sehen.

Inzwischen ist Alfred der Stier schon eine ganze Weile durch die Felder gelaufen und allmählich fängt er an, sich zu langweilen.

Das ist also die weite Welt, denkt Alfred der Stier. Na ja, na ja. So besonders ist die weite Welt nun auch wieder nicht. Links Felder und rechts Felder und dazwischen ein Weg. Das hätte ich mir eigentlich interessanter vorgestellt.

Und fast wäre er schon umgekehrt. Aber dann sieht er hinter der Kurve etwas leuchten, das sieht weiß aus und spannend und kein bisschen wie ein Weidezaun oder ein Trecker oder eine Trinkbadewanne.

Vielleicht geht da ja die weite Welt erst richtig los, denkt Alfred der Stier. Könnte doch sein.

Und vor Aufregung fängt er sogar ein bisschen an zu rennen.

Im Garten hat Papa jetzt auch noch das Rosenbeet geschafft.
„Ich glaub, du hast vergessen den Herd auszuschalten, Papa", sagt Lasse. „Geh lieber mal gucken."
„Ich hatte den Herd gar nicht an", sagt Papa. „Meine Güte, Lasse! Fällt dir denn überhaupt nichts ein, was du spielen kannst!"

„Und warum kommt dann lauter Qualm aus den Fenstern?", schreit Lasse.
„Und warum kommt dann lauter Qualm ..."
„Nun reicht es aber!", schreit Papa böse. Wenigstens ist er jetzt wütend geworden. „Zum tausendsten Mal! Bei uns ist kein UFO gelandet und die Küche brennt auch nicht! Und mich lass jetzt bitte mal arbeiten! Du kannst doch nicht immer erwarten, dass etwas Aufregendes passiert!"
Aber das kann Lasse eben doch. Das wird Papa schon noch sehen.

Nur ein paar Schritte entfernt nämlich trottet Alfred der Stier jetzt gerade durch die Siedlung.
Na bitte, ich hab's doch gewusst!, denkt er aufgeregt. Das ist die weite Welt! Es gibt also doch noch was anderes als Weidezäune und Trecker und Trinkbadewannen! Und Alfred guckt glücklich die Autos an und den Brötchenboten auf dem Fahrrad und zwei Männer, die eine lange, lange Leiter tragen.
Und vor lauter Begeisterung fällt er sogar in einen leichten Galopp.

Im Garten guckt Papa gerade die Schrammen an seinen Armen an. Dann seufzt er und kriecht noch tiefer zwischen die Büsche.
„Papa, da kommt ein Stier die Straße hoch, Papa!", ruft Lasse. „Guck doch mal, Papa!"
Aber Papa tut so, als ob er ihn gar nicht hört.
„Der ist ja gleich bei unserem Garten!", schreit Lasse. „Guck doch mal, Papa!"
Aber Papa hat gerade ein besonders gemeines Unkraut erwischt. Darum kann er Lasse leider nicht mal richtig zuhören.
„Jetzt geht er durch die Pforte", sagt Lasse verblüfft. „Mein allerliebster Scholli, du."
Und vorsichtshalber krabbelt er nun doch wieder auf seinen Mülltonnensitz.
In der Pforte steht Alfred der Stier und glotzt erstaunt in den Garten.

Ich weiß gar nicht mal, ob mir diese Weide hier besser gefällt, denkt Alfred der Stier. Natürlich sieht sie abwechslungsreich aus. So viele unbekannte Dinge.
Und er macht zögernd ein paar Schritte auf die Terrasse zu, auf der rot und weiß der Sonnenschirm steht. Dem gibt er mit seiner Nase einen ganz kleinen Stups. Und leider ist der Sonnenschirm nicht sehr stabil.

„Was war denn das für ein Gepolter?", ruft Papa aus den Stachelbeersträuchern. „Lasse, ich hab dir gesagt ..."

„Der Stier hat den Schirm umgeschmissen!", ruft Lasse erschrocken. „Jetzt geht er ins Wohnzimmer, glaub ich."

„Ich hab dir schon tausendmal gesagt", sagt Papa, ganz langsam schiebt sich sein Po rückwärts aus dem Gestrüpp, „dass man nicht lügen darf! Wenn du den Schirm umgeschmissen hast ..."

Aber jetzt springt Lasse doch wieder von seiner Tonne. In der Terrassentür steht der Stier und glotzt mit seinen großen Kuhaugen ins Wohnzimmer. Das will Lasse nicht verpassen.

„Lasse?", ruft Papa. „Lasse, was machst du denn da?" Dann ist er vor Schreck plötzlich ganz still. Aus dem Haus kommt ein fürchterliches Gepolter.

„Lasse?", brüllt Papa.

Im Wohnzimmer steht Alfred der Stier und guckt traurig auf die Scherben. Er ist bestimmt ein vorsichtiger Stier und nichts ist ihm unangenehmer, als Regale umzuschmeißen und Geschirr zu zerbrechen.
Nein, wirklich sehr unpraktisch alles hier, denkt Alfred der Stier. Viel zu eng für einen gut gewachsenen Stier. Da ziehe ich meine Weide doch vor.
Und er tänzelt graziös zur Küchentür, um nachzugucken, was es in der Küche so alles gibt.

„Jetzt geht der Stier in die Küche!", ruft Lasse.
Aber da ist Papa endlich bei ihm und so erschrocken hat Lasse Papa noch nie gesehen.
„Du meine Güte, Lasse!", flüstert Papa. „Das ist ja ein Stier!"
„Jetzt guckt er sich die Küche an", sagt Lasse.
Aber das braucht er Papa gar nicht zu erklären. Das hört Papa auch so.
Die Küche ist für einen gut gewachsenen Stier nämlich auch viel zu eng.

Kann ja sein, dass andere Leute die weite Welt ganz nett finden, denkt Alfred der Stier und guckt ärgerlich auf den Fußboden, auf dem jetzt die Reste vom Frühstück liegen. Aber mir ist sie ganz eindeutig nicht geräumig genug. Da ziehe ich meine Weide allemal vor.
Und er dreht sich um und geht an Papas Kakteenregal vorbei zurück zur Terrassentür.

Und das ist natürlich das Poltern, das Papa und Lasse gerade hören. Und dann sehen sie Alfred auch schon, wie er ein bisschen maulig und unzufrieden über den neuen weißen Teppich zur Tür trottet und verschwindet, ohne sich auch nur einmal nach ihnen umzugucken. So schlechte Laune hat er inzwischen und so enttäuscht ist er von der weiten Welt.

Als Alfred über die Terrasse und über den frisch gemähten Rasen und durch die Pforte verschwunden ist, lässt Papa sich mit einem Stöhnen auf das Wohnzimmersofa plumpsen.

„Lasse, Lasse, Lasse, Mensch!", ruft Papa. „Ein Stier in unserem Haus! Warum hast du mir das denn bloß nicht gesagt?"

Da gibt Lasse Papa keine Antwort.

Inzwischen trottet Alfred der Stier zwischen den Feldern auf seine Wiese zu und mit jedem Schritt wird er vergnügter.

Geh mir los mit der weiten Welt!, denkt Alfred der Stier. Was soll das schon Besonderes sein. Wenn sie da so enge Ställe haben, dass ein gut gewachsener Stier noch nicht mal mehr Fliegen verscheuchen kann, ohne mit dem Schwanz gleich alles kaputt zu schlagen.

Da ist er auch schon bei seiner Weide angekommen und er schnauft durch das Tor und guckt sich um und ist wieder zu Hause, und vor lauter Glück brüllt er das lauteste Muuuuh! seines Lebens.

Das hören Papa und Lasse, als sie gerade dabei sind, im Wohnzimmer die Scherben aufzusammeln.
„Das war jede Wette der Stier", sagt Papa und schüttelt den Kopf. „Du meine Güte, Lasse."
Lasse kichert. Nun hat Papa doch gemerkt, was er davon hat, wenn er Lasse immer nicht glaubt.

Paul Maar · Reinhard Michl

Tierische Freundschaften

Der braune Bär im tiefen Wald
schleicht um die Bärin rum.
Und wenn die Bärin ihm gefällt,
dann sagt er zu ihr: „Brumm!"

Der Mäuserich fragt seine Maus:
„Sag, hast du mich auch lieb?"
Die Mausefrau nickt mit dem Kopf
und sagt ganz fröhlich: „Piep!"

Der Kater liebt die Katze sehr,
sie ist ja seine Frau.
Die Katze mag den Kater auch
und lockt ihn mit: „Miau!"

Der Hundemann bellt: „Wuff, wuff, wuff!",
die Hundefrau sagt: „Wau!"
Vielleicht ist es auch umgekehrt,
das weiß man nie genau.

Der Fisch schwimmt immerzu im Kreis
um seine Fischfrau rum.
Er kann nicht fragen: „Magst du mich?",
denn Fische sind ja stumm.

Der Hase und der Elefant
gehn oft gemeinsam aus.
Der Elefant stampft hinterher,
der Hase rennt voraus.

Der kleine Drache war in der letzten Zeit ordentlich gewachsen. Fliegen konnte er und ein bisschen Feuer spucken konnte er auch schon. Bald würde er ein großer Drache sein, ein großer, schrecklicher Drache, vor dem sich jeder fürchtete. Er übte fleißig jeden Tag und die Drachenmama und der Drachenpapa und alle anderen großen Drachen waren sehr stolz auf ihn.

„Jetzt brauchen wir einen richtigen Angsthasen, damit du noch mehr üben kannst", sagte die Drachenmama. „Und der allerbeste Angsthase ist ein KIND!"

„Guck mal", sagte die Drachenmama. „So sieht ein Kind aus. Ein Kind hat keinen Schwanz und spuckt nie Feuer. Es hat ganz kleine Füße und winzige Zehen. Und es hat keine Flügel.

Ein Kind kriegt sehr leicht Angst. Wenn es einen Drachen sieht, fängt es an zu zittern und zu schreien und wird vor Schreck grün und blass im Gesicht."
„Ja!", rief der kleine Drache. „Ich will ein Kind."
Und die Drachenmama flog los, um ein Kind aus dem Dorf zu holen.

Schon bald kam sie zu einem Haus, da roch es nach Kind. Sehen konnte sie nichts, aber sie roch Kinderkleider und Kinderspielzeug, sie roch Kinderkissen und versteckte Kinderschokolade. Sie schnupperte und schnüffelte, doch sie sah kein Kind.

Bestimmt hatte sich der Angsthase im Schrank versteckt. Da hörte die Drachenmama plötzlich ein Quietschen über ihrem Kopf.

Die Drachenmama war ganz erstaunt. Das konnte doch kein richtiges Kind sein? Es lief nicht weg, es zitterte nicht, es schrie nicht nach seiner Mama. Egal, es sah jedenfalls aus wie ein Kind. Da würde sich der kleine Drache aber freuen!

„Guck mal, kleiner Drache, das ist für dich!", rief die Drachenmama und setzte das Kind auf der Burgtreppe ab.

„Jetzt zeig uns mal, wie groß und schrecklich du sein kannst."

Drinnen in der Burg war es dunkel und kalt. Die Drachenmama wartete gespannt. Und fauchend flog der kleine Drache auf und ab, auf und ab und rundherum.
Hatte das Kind Angst?
NEIN, das Kind hatte keine Angst!

„Und jetzt spucke ich FEUER!", schrie der kleine Drache. Er spuckte und spuckte. Aber was war nur mit dem Kind los?
Hatte es endlich Angst?
NEIN, es hatte keine Angst!

Schließlich steckten die Drachen das Kind ins Bett.
„Jetzt", sagte die Drachenmama, „jetzt kriegt es bestimmt Angst. In einem Drachenbett kriegt doch jeder Angst. Passt auf, gleich schreit das Kind nach seiner Mama."
Die Drachen warteten ...
Und warteten ...
Aber es blieb ruhig.
Nichts passierte ...
Hatte das Kind jetzt endlich Angst?
NEIN, das Kind hatte keine Angst!

Die großen Drachen waren ratlos. Was sollte der kleine Drache denn noch tun?

Er war geflogen, er hatte Feuer gespuckt und er war so schrecklich, wie ein kleiner Drache nur schrecklich sein kann.

Und trotzdem hatte das Kind immer noch keine Angst. Vielleicht war es gar kein richtiges Kind?

Aber es hatte doch kleine Füße und keinen Schwanz und Flügel hatte es auch nicht … Alles war, wie es sein sollte.

Irgendetwas stimmte nicht mit dem Kind!

Plötzlich kreischte, fauchte und heulte es ganz fürchterlich über den Köpfen der großen Drachen.
„Wir sind groß und schrecklich, rrrooaahhh!"

Die großen Drachen zitterten vor Angst und wurden ganz blass.
Dieses Kind konnte fliegen und brüllen wie ein Drache.
Das war doch nicht möglich!

„Hört mal, ihr großen Drachen", rief
der kleine Drache. „Das ist ja gar kein
Angsthase, und er heißt auch nicht Kind.
Er heißt Beppo und ich bringe ihn jetzt
nach Hause!"

„Es war schön mit dir, kleiner Drache", sagte Beppo.

„Komm mich bald mal wieder besuchen! Gute Nacht."

Dann flog der kleine Drache nach Hause. „Ich bin der kleine Drache", sang er, „jetzt hab ich einen Freund und zusammen sind wir richtig schrecklich."

Bella geht einkaufen

Eva Eriksson

Bella ist in der letzten Zeit ganz schön groß geworden.
Bestimmt kann sie jetzt auch schon allein einkaufen.
Also will sie zum Gemüseladen gehen.
„Dann kauf einen Beutel Bohnen", sagt Großmutter.
„Der ist nicht so schwer."

Bella trägt Großmutters Portemonnaie. Jeder kann sehen, dass sie einkaufen geht. Die anderen können das noch nicht.

Im Laden sind viele Frauen.
Manchmal kommen neue Frauen herein und einige
von den anderen gehen. Aber niemand sieht Bella.
Das ist ungerecht! Wann ist Bella an der Reihe?

Nach einer ganzen Weile, nachdem viele Frauen gekommen und gegangen sind, ist Bella endlich an der Reihe.

Was sollte sie noch kaufen?

„Einen Beutel ... einen Beutel mit was drin, was war das noch? Einen Beutel ..."

Alle gucken Bella an.

Können die nicht woanders hingucken? „Einen Beutel ..."

„Vielleicht Kartoffeln? Solltest du Kartoffeln kaufen?",
fragt die Verkäuferin.
„Ja", sagt Bella.

Na also, jetzt hat sie allein eingekauft. Das hat ja prima geklappt.

Sie geht denselben Weg zurück. Der Beutel ist nur ein bisschen groß. Er ist auch ein bisschen schwer.

Ein großer, schwerer Beutel – da kann wirklich jeder sehen, dass sie eingekauft hat.

So ein furchtbar schwerer Beutel!
Und groß!

Warum nur sollte sie so einen schweren
Beutel einkaufen? Dumme Großmutter.

Großmutter ist ganz erschrocken, als sie den großen, schweren Beutel sieht.
„Aber Bella, was bringst du denn da?

Kartoffeln? Kein Wunder, dass der Beutel schwer ist. Liebes Kind, du solltest doch Bohnen kaufen. Einen Beutel Bohnen."

„Bohnen! Das hab ich ja auch gesagt. Ich hab gesagt, ich will Bohnen haben, aber die hat mir einen Beutel Kartoffeln gegeben."

„Sie hat dir Kartoffeln gegeben, obwohl du Bohnen haben wolltest? So eine Verkäuferin!"

„Ja, sie ist eine ganz blöde Verkäuferin. Ich will keine Kartoffeln, hab ich gesagt. Ich will Bohnen. Nein, du willst Kartoffeln, hat sie gesagt."

„Das ist ja wirklich unerhört! Dir so einen schweren Beutel zu geben. Hat sie denn ganz den Verstand verloren?

Mit der werde ich jetzt mal ein Wörtchen reden!"

Großmutter geht mit dem Kartoffelbeutel zurück zum Gemüseladen.
Sie ist sehr wütend auf die Verkäuferin.

Bald kommt Großmutter wieder zurück. Jetzt ist sie nicht mehr wütend auf die Verkäuferin.
„Sie hat gesagt, dass du Kartoffeln wolltest. Warum hast du mich angelogen?"
Darauf kann Bella keine Antwort geben.

„Hast du vergessen, was du kaufen solltest?"
„Ein bisschen."
„Na, das kann sogar dem Klügsten passieren. Aber du darfst nie wieder schwindeln", sagt Großmutter.
Nee, das will Bella nie wieder tun.

Dann kann sie jetzt vielleicht zwei Stück Streuselkuchen
für den Kaffee kaufen gehen?
Ja, das kann Bella. Jetzt ist sie wieder munter und stark
und Streuselkuchen ist ganz leicht zu tragen.

Die Konditorei liegt in der anderen Richtung. Bis dorthin ist es nicht weit.
Streuselkuchen, Streuselkuchen, Streuselkuchen, das vergesse ich nicht!

Als Bella in der Konditorei ankommt, hat sie den Streuselkuchen nicht vergessen. Diesmal ist es etwas anderes. Das Portemonnaie. Es ist weg.

Bella läuft schnell, ganz schnell, nach Hause zu Großmutter. Dabei weint sie leise vor sich hin. Wie konnte das nur passieren?

Dann weint sie noch mehr und ziemlich laut.
Großmutter glaubt, dass sie das Portemonnaie auf dem Gehweg verloren hat. Hat sie es nicht auf dem Rückweg gesehen?
„Nein", schreit Bella. „Das Geld ist bestimmt gestohlen worden!"

Großmutter geht trotzdem mit Bella los
und sucht nach dem Geld.
Als sie den halben Weg gegangen sind,
findet Bella es.
Was für ein Glück!

Dann geht Bella allein weiter zur Konditorei.
Großmutter will schon den Kaffee kochen.

Bella muss nicht lange warten. Sie ist schnell an der Reihe. Das Portemonnaie hat sie in der Hand. Jetzt will sie nur – zwei ... zwei ...

„Sollen es vielleicht Windbeutel sein?
Vielleicht wollt ihr heute ein bisschen feiern?
Die Windbeutel sind ganz frisch."
Bella guckt die Kuchen an.
Ja, die sollen es wohl sein.

Die Verkäuferin legt zwei
Windbeutel in einen Karton.
„Kannst du den tragen, Bella?"
Ja, das kann sie.
Sie hat ja schon viel schwerere Sachen
getragen.

Aber ein Karton?
Wenn Großmutter Kuchen kauft,
bringt sie den nicht im Karton nach
Hause. Sondern in einer Tüte.
Ist da etwa wieder etwas
schiefgegangen?

Nein, es war genau richtig!, findet Großmutter.

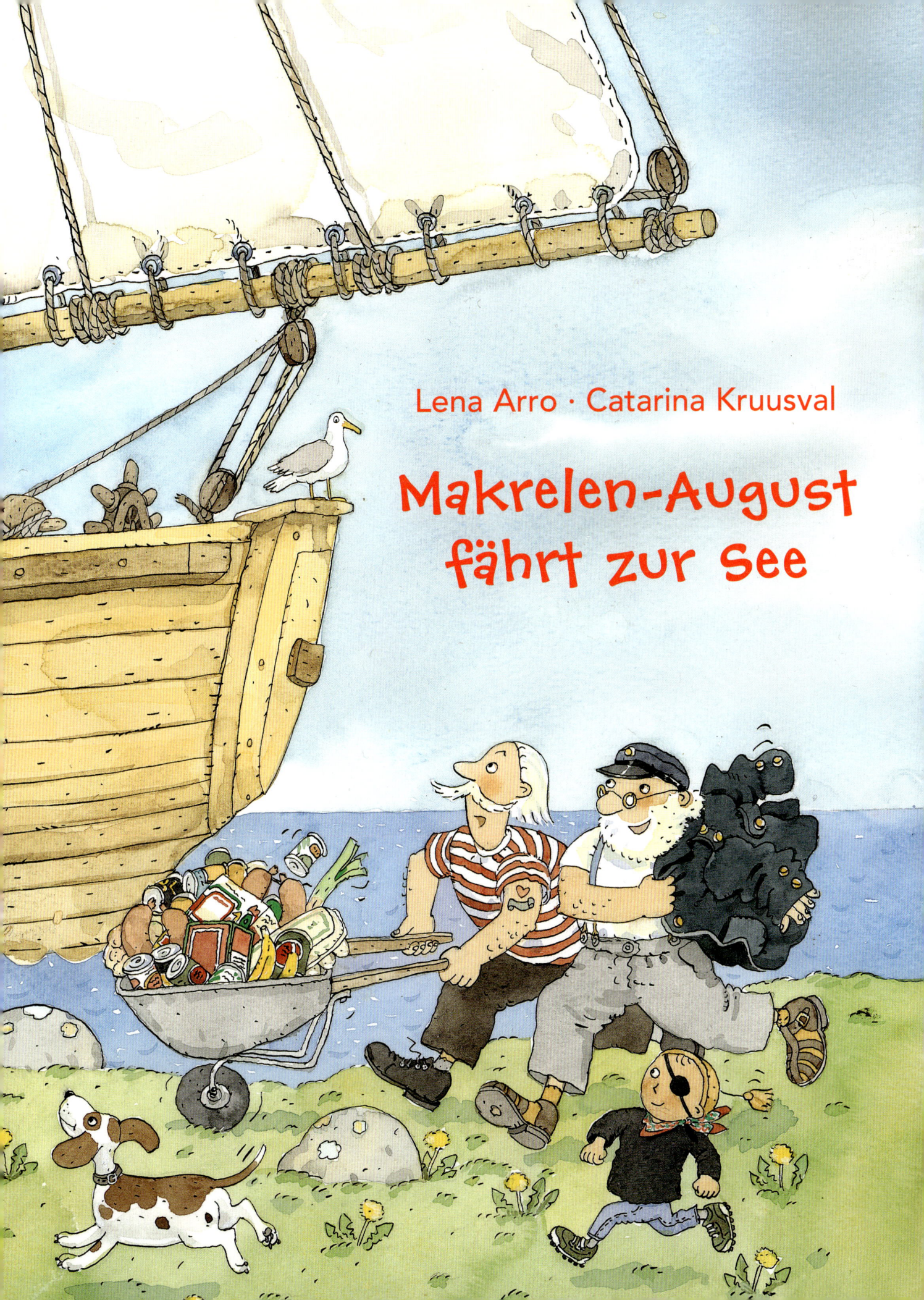

Jeden Tag legte das Postschiff bei der kleinen Insel an, auf der die alten Brüder Granström ganz allein wohnten. Aber an diesem Tag war Postboten-Jonte nicht allein im Boot wie sonst. Er brachte einen kleinen Jungen mit.
„Wer ist das denn?", fragte der alte Granström.
„Das weiß ich nicht, aber er soll hier aussteigen", antwortete Postboten-Jonte.

Und dann hob er den Jungen aus dem Boot und stellte ihn auf den Anleger.
„Stichling und Sardine!", sagte der alte Granström erstaunt.
„Was bist du denn für eine kleine Kaulquappe?"

„Lies den Brief!", rief Postboten-Jonte. Dann fuhr er weiter. Der alte Granström ging einmal um den Jungen herum. Da sah er, dass hinten an seinen Pullover ein Zettel geheftet war.
Der Alte beugte sich vor und las:

IHR LIEBEN ALTEN, DAS IST PELLE, DAS JÜNGSTE KIND VON EURER KUSINE. IHR MÜSST EUCH EINE WOCHE UM IHN KÜMMERN, WIR WOLLEN NÄMLICH NACH KARESUANDO. VIELE GRÜSSE VON KUSINE VIOLA.

In dem Augenblick kam Makrelen-August, der Bruder vom alten Granström, aus dem Haus, und er las den Zettel ebenfalls.
„Aha, du bist also Pelle", sagte er. „Willkommen, Pelle! Du kommst gerade richtig, bei uns gibt's heute Pfannkuchen."
Makrelen-August und Pelle gingen zum Haus hinauf. Der alte Granström blieb auf dem Anleger stehen und überlegte, was man anstellen musste, um einen kleinen Jungen zu unterhalten. Eine ganze Woche lang!

Er hätte sich keine Sorgen zu machen brauchen.

Als Pelle Pfannkuchen gegessen hatte, öffnete er seine Reisetasche und holte einen großen Kasten hervor.

„Ihr könnt mir helfen", sagte Pelle, „aber nur, wenn ihr vorsichtig seid."
Die Alten betrachteten den Kasten. Auf dem Deckel war ein Bild von einem Segelschoner.

„Das ist ja ein Modellschiff", sagte Makrelen-August aufgeregt.

„Damit werden wir schon fertig, wir sind lange genug zur See gefahren."
Pelle öffnete den Kasten und kippte den Inhalt auf den Tisch. Es schienen an die Millionen Teile zu sein.

„Beim Klabautermann!", staunte der alte Granström. „So ein Schiff hab ich noch nie gesehen."

„Hier sind die Segel", sagte Pelle und breitete kleine weiße Taschentücher aus. „Man muss alle Teile zusammensetzen", erklärte Makrelen-August.
„Teil A gehört zu Teil B, und Teil B gehört zu Teil C."

Der alte Granström wühlte zwischen den Teilen.
„Ich hab bloß was gefunden, das sieht aus wie ein Perpendikel, das sein Schiff im Hafen verpasst hat. Und da steht ein Y drauf."
„Das ist wahrscheinlich die Rahnock", sagte Makrelen-August. „Ich hab den Großmast gefunden."
Die Alten vergaßen alles andere und dachten nur noch an das Modellschiff. Pelle ging um acht schlafen, aber das merkten die beiden gar nicht.

Um Mitternacht waren sie endlich fertig. Sie waren sehr stolz. Das Modellschiff sah genauso aus wie auf dem Bild. Ganz unten in dem Kasten fand Makrelen-August einen kleinen Zettel. „Hier steht UM SEINE NATÜRLICHE GRÖSSE ZU ERHALTEN, MUSS DAS MODELL ZU WASSER GELASSEN WERDEN. Was hat das wohl zu bedeuten?"
„Weiß ich nicht", sagte der alte Granström und gähnte. „Jetzt ist es jedenfalls Zeit, dass wir in die Koje kriechen. Gute Nacht."
Makrelen-August trug das Modellschiff hinaus und setzte es zwischen einigen Steinen ins Wasser. Dann ging er auch schlafen.

Am nächsten Morgen frühstückten die beiden Alten und Pelle. Als sie den Tisch abdeckten, guckte der alte Granström zufällig aus dem Fenster. „BEI GULLIVERS GALOSCHEN – WAS IST DAS DENN?", brüllte er. „An unserem Steg liegt ein aufgetakelter Segelschoner."
Sie liefen hinaus, um sich das Schiff näher anzusehen.
„Wem mag das wohl gehören?", überlegte der alte Granström.
„Ich glaube, es ist das Modellschiff", sagte Makrelen-August. „Natürliche Größe, stand doch auf dem Zettel."
„Hurra!", rief Pelle. „Dann kann ich ja Seeräuber werden."
„Es würde wirklich Spaß machen, mal wieder zu segeln ...", sagte Makrelen-August nachdenklich. „Nur ein bisschen."
Der alte Granström räusperte sich und hustete eine Weile.
„Warum eigentlich nicht?", sagte er dann.
„Ich bin der Kapitän, weil das ja mein Schiff ist", sagte Pelle. „Und du bist der Schiffskoch."
Er zeigte auf den alten Granström.
„Und Makrelen-August soll im Mast sitzen und Ausguck halten."
„Ich kann nicht kochen!", sagte der alte Granström.
„Und mir wird so leicht schwindlig", sagte Makrelen-August.
„Ich bin der Kapitän, ich bestimme hier", sagte Pelle.

Pelle ging in die Küche und holte alle Konservendosen und Haferflockentüten und Fleischwürste, die er finden konnte. Dann brachten sie das Essen in der Schubkarre zum Schiff und verstauten die Sachen an Bord.
„Anker lichten!", rief Pelle. „Wir legen ab."

Am ersten Tag saß Makrelen-August im Mast. Er hielt sich ganz fest, weil ihm so schwindlig war. Pelle stand am Steuer, und der alte Granström versuchte zu kochen. Hin und wieder hörte man seine grollende Stimme, wenn wieder etwas kaputtging oder anbrannte.
„Erbsenbrei und Glibbergrütze! Wenn ich bloß wüsste, wie ich Hackfleisch aus dir machen soll!", schrie er zum Beispiel die Fleischwurst an. Und als ihm ein Ei aus der Hand rutschte und zerbrach, brüllte er: „Grottenolm und Möwendreck!", dass die Wände wackelten.

Zum Essen gab es angebrannte Kartoffeln mit angebrannter Fleischwurst und beidseitig angebrannten Eiern.

Makrelen-August durfte zum Essen vom Mastbaum herunterkommen, und darüber war er richtig froh.

Als der alte Granström alles Schwarze von seiner Wurst abgekratzt hatte, sagte er: „Die gefährlichsten Gefahren der sieben Meere sind nichts gegen eine zischende Fleischwurst. Ich mache eine Meuterei."

„Was ist Meuterei?", fragte Pelle.

„Das ist, wenn man den Kapitän in seiner Kajüte einschließt, und dann kann man machen, was man will."

„Das kannst du nicht, es gibt nämlich keinen Schlüssel", sagte Pelle. „So ist das nun mal!"

Abends steuerte Pelle in eine Bucht zwischen hohen Felsklippen.

„Ich möchte einen Nachtisch", sagte er. „Makrelen-August darf an Land gehen und mir ein Eis rauben."

Makrelen-August nahm die Jolle und ruderte an Land. Zum Glück fand er einen Eiskiosk. Er kaufte ein Eis und ruderte zurück.

„Bist du sicher, dass du es geraubt hast?", fragte Pelle.

„Irgendwie ... schon", sagte Makrelen-August.

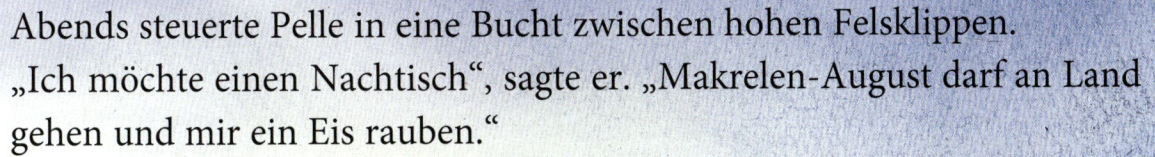

Am nächsten Tag segelten sie hinaus aufs offene Meer.

„Ich will das richtige Meer sehen!", sagte Pelle. „Mit Haien und Seeungeheuern und gefährlichen Strömungen."

Nachdem sie lange, lange gesegelt waren, erklärte Pelle, sie hätten den Stillen Ozean erreicht. Der alte Granström entdeckte einen Hai und etwas, das vermutlich ein Seeungeheuer war.

Makrelen-August saß im Mastbaum und sonnte sich. Ihm war fast nicht mehr schwindlig, und er war sehr zufrieden, dass er kein Essen zu kochen brauchte.

„Guckt mal da!", rief er plötzlich. „Da vorn … Boot in Sicht!"

Es war ein kleines Motorboot, in dem zwei Frauen saßen. Sie winkten.
„Du musst das Boot entern und ihre Schätze rauben", sagte Pelle zum alten Granström.
„Aber das tut man doch nicht", sagte der alte Granström.
Pelle dachte nach.
„Vielleicht sollte ich es machen. Ich bin der Kapitän, und wahrscheinlich sehe ich gefährlicher aus."

Er kletterte die Strickleiter hinunter zum Motorboot. Die Frauen schienen aber nicht besonders erschrocken zu sein. Nach einer ganzen Weile kam Pelle mit einer Tafel Schokolade und einem roten Bleistift mit Radiergummi dran zurück.

„Die hatten nicht viele Schätze", sagte er.

Die Frauen winkten ihnen nach, als sie weiterfuhren.

Der alte Granström kochte immer besser.

Er ließ fast nichts mehr anbrennen, und man hörte ihn auch nicht mehr so sehr fluchen.

Aber Kartoffeln und Fleischwurst waren bald alle, also aßen sie Haferflockensuppe mit gekochten Eiern oder Hafergrütze mit weißen Bohnen oder Haferflockenbohnen mit Eiersuppe.
Schließlich gab es nur noch Haferflocken.
Da beschloss Pelle, nach Hause zu segeln.

Während sie quer über den Indischen Ozean steuerten, machte Makrelen-August ein Nickerchen oben in seinem Mastbaum. Der alte Granström kochte einen Pudding aus den letzten Haferflocken. Den aßen sie auf, während sie das Kap der Guten Hoffnung umsegelten.
Als sie fast zu Hause waren, sagte Pelle: „Jetzt sind wir um die Welt gesegelt!"
„Genau", sagte der alte Granström. „Es war gut, sich mal wieder eine frische Brise um die Nase wehen zu lassen. Und du bist der geborene Steuermann."
„Der beste Kapitän, für den ich jemals Ausguck gehalten habe", sagte Makrelen-August.

Sie legten am Steg der beiden Alten an und gingen an Land. Pelle gähnte mit weit aufgerissenem Mund.

„Ich geh schlafen. Ihr könnt das Boot abwischen, damit es schrumpft. Dann passt es wieder in den Kasten."

„Bei allen seefahrenden Seegurken!", sagte der alte Granström. „Wie soll das denn gehen?"

„Vielleicht mit einem Badelaken?", sagte Makrelen-August.

„Donnerblei und Kugelfisch! Ja, das ist einen Versuch wert!", sagte der alte Granström.

Kirsten Boie · Silke Brix

Linnea geht nur ein bisschen verloren

„Lala, lala, laaa!", sagt Linnea. „Und ich komm doch mit dir mit."
Gerade hat Papa einen lustigen Zeichentrickfilm in den Videorekorder geschoben, den hat er extra für Anna, Linnea und Magnus besorgt. An diesem Nachmittag sind sie nämlich alle drei bei Papa in Bremen, weil es ihr Einmal-im-Monat-Papa-Besuchs-Wochenende ist, und nun muss Papa leider noch mal ganz schnell in die Stadt fahren und sich ein neues Autoradio besorgen. Weil sein altes kaputtgegangen ist, und ohne Radio macht Autofahren ja keinen Spaß.

„Du bleibst mit Magnus und Anna hier, Linnea", sagt Papa und hat sich schon fast seine Jacke angezogen. „Und guckst dir den lustigen Film an. Und wenn ich wiederkomme, essen wir alle ein Eis."

Linnea hebt ihre Jacke vom Boden auf und steckt einen Arm in den Ärmel.

„Fernsehen ist nicht gut für Kinder, weißt du das nicht?", sagt sie vorwurfsvoll. „Ich will jetzt mit. Und meine Linni will auch mal was von der Welt sehen, übrigens", und sie nimmt ihre Puppe und hält sie Papa hin.

„In die Welt geh ich ja gar nicht, Linnea", sagt Papa und guckt Linni kopfschüttelnd an. „Ich geh nur in ein paar Technikgeschäfte und frag nach Radios. Und hinterher kauf ich für alle ein Eis."

„Linni und ich gehen mit in die Technikgeschäfte", sagt Linnea bestimmt und zieht ihren Reißverschluss hoch. „Sonst haben wir Mama lieber als dich."

Papa seufzt. „Also gut, also gut", sagt er und zuckt die Achseln. „Tschüs, Anna, tschüs, Magnus. Bis nachher." Dann schiebt er Linnea aus der Tür. „Aber es wird langweilig für dich. Das sag ich dir gleich."

Linnea nickt zufrieden. „Aber nicht für meine Linni", sagt sie.

Aber da hat sie sich leider getäuscht. Weil es nämlich auch für Linni langweilig wird, grässlich langweilig sogar, und das hat sich Linnea vorher gar nicht vorstellen können. Weil Papa nämlich immer nur in Geschäfte geht, in denen Radios und Waschmaschinen und Fernseher rumstehen. Und wenn Linni da nur mal ein ganz winziges bisschen an einem Knopf drehen will oder kurz mal in die Trommel von einer Waschmaschine krabbelt, schreit Papa schon gleich, dass sie das aber mal ganz schnell lassen soll. Da hätte Linnea vielleicht doch lieber bei Anna und Magnus bleiben sollen.
„Und außerdem hat meine Linni Hunger, Papa", sagt Linnea, als sie hinter Papa her zum nächsten Geschäft läuft. Papa hat so schnelle Beine. „Und ich auch, übrigens."
Papa dreht sich um. „Mein Gott, Linnea", sagt er. „Ich hab doch gesagt, es gibt Eis, wenn wir fertig sind. Jetzt bin ich in Eile."
Er stoppt vor einer Bäckerei. „Aber ein trockenes Brötchen kannst du meinetwegen haben. Das ist ja nichts Süßes."
Linnea guckt Papa böse an. „Ein Brötchen will meine Linni aber nicht!", sagt sie. „Und ich auch nicht, übrigens. Dann hab ich lieber Durst."

Aber Papa wartet noch nicht mal, bis Linnea zu Ende geredet hat. „Entweder ein Brötchen oder gar nichts", sagt er und schiebt sie durch die große Drehtür in ein Kaufhaus. Noch nicht mal einen Schubs geben muss man der Tür, die dreht sich ganz von alleine. „Hier gucken wir noch mal, und dann gehen wir nach Hause."

Und zum Glück ist es in dem Kaufhaus wenigstens ein kleines bisschen interessanter.

Wunderschöne Damen mit gelangweilten Gesichtern stehen vor Regalen mit Lippenstiften und riechen gut, wenn Linnea an ihnen vorbeigeht, und im ersten Stock fährt sie auf der Rolltreppe sogar an der Spielzeugabteilung vorbei. Aber Papa steigt erst im vierten Stock aus, da ist die Technikabteilung.

Da will Linnea nun wirklich nicht mehr hin. Sie kann sich überhaupt nicht vorstellen, wie ein erwachsener Mann den ganzen Nachmittag Radios ansehen mag.

„Dann vergnügen wir uns eben alleine, Linni", sagt Linnea und guckt, was es im vierten Stock sonst noch alles gibt. „Wir sind ja keine Babys."

Und wirklich ist der vierte Stock zum Vergnügen ganz genau richtig. Nicht so gut wie die Spielzeugabteilung vielleicht, das kann ja keiner erwarten, aber ganz gut ist er trotzdem. Lauter Betten mit vornehmen Bezügen, wie Mama überhaupt keine hat, stehen herum, und ein Bett hat sogar ein wunderbares blaues Kopfkissen mit einer Maus darauf, die hat eine zipfelige Schlafmütze auf dem Kopf und trägt einen altmodischen Kerzenhalter vor sich her und ist so niedlich, dass Linnea es fast gar nicht aushalten kann.

„Da möchtest du doch ganz bestimmt ein bisschen schlafen, meine kleine Linni, was?", sagt Linnea und schlägt die Bettdecke zurück. „Wo dein Opa dir schon nichts zu essen gekauft hat. Da musst du ja nicht auch noch müde sein", und sie legt Linni auf das niedliche Kissen, und Linni klappt auch wirklich gleich die Augen zu und sieht aus, als ob sie mindestens bis morgen früh durchschlafen will. Da deckt Linnea ihr mit der blauen Decke auch noch die Füße zu, und nun liegt Linni also ganz zufrieden da in ihrem Bett und sieht fast aus wie ein echtes lebendiges Kind.

„Mir hat der auch nichts zu essen gekauft", sagt Linnea und guckt zur Technikabteilung, wo Papa sich natürlich schon wieder von einem Mann ein Radio erklären lässt. „Da darf ich wohl auch mal schlafen."
Und weil keiner guckt, schlüpft sie ganz schnell unter eine Decke, die ist ganz blank und glänzend und sieht aus wie von einer Prinzessin im Schloss. Und Linnea hat ein kleines bisschen ein schlechtes Gewissen, weil man mit Schuhen ja eigentlich nicht ins Bett steigen soll, aber wenn Papa immer so beschäftigt ist, muss Linnea das leider doch mal kurz machen.
„Lala, lala, laa!", sagt Linnea und steckt auch noch den Kopf unter die Decke. Da klingt es so wunderbar dumpf. „Hier liege ich und bin eine angezogene Prinzessin und warte, bis mein Prinz mich küsst."
Aber natürlich weiß sie ziemlich genau, dass kein Prinz zum Küssen kommen wird, und als stattdessen Papa nach ihr ruft, findet Linnea wirklich nicht, dass sie gleich rauskrabbeln muss.
„Ich hab ja auch den ganzen Nachmittag auf *ihn* gewartet", sagt sie. „Da kann er wohl auch mal kurz auf *mich* warten."
Aber als Papa dann aufhört zu rufen, klettert Linnea doch aus ihrem Prinzessinnenbett.

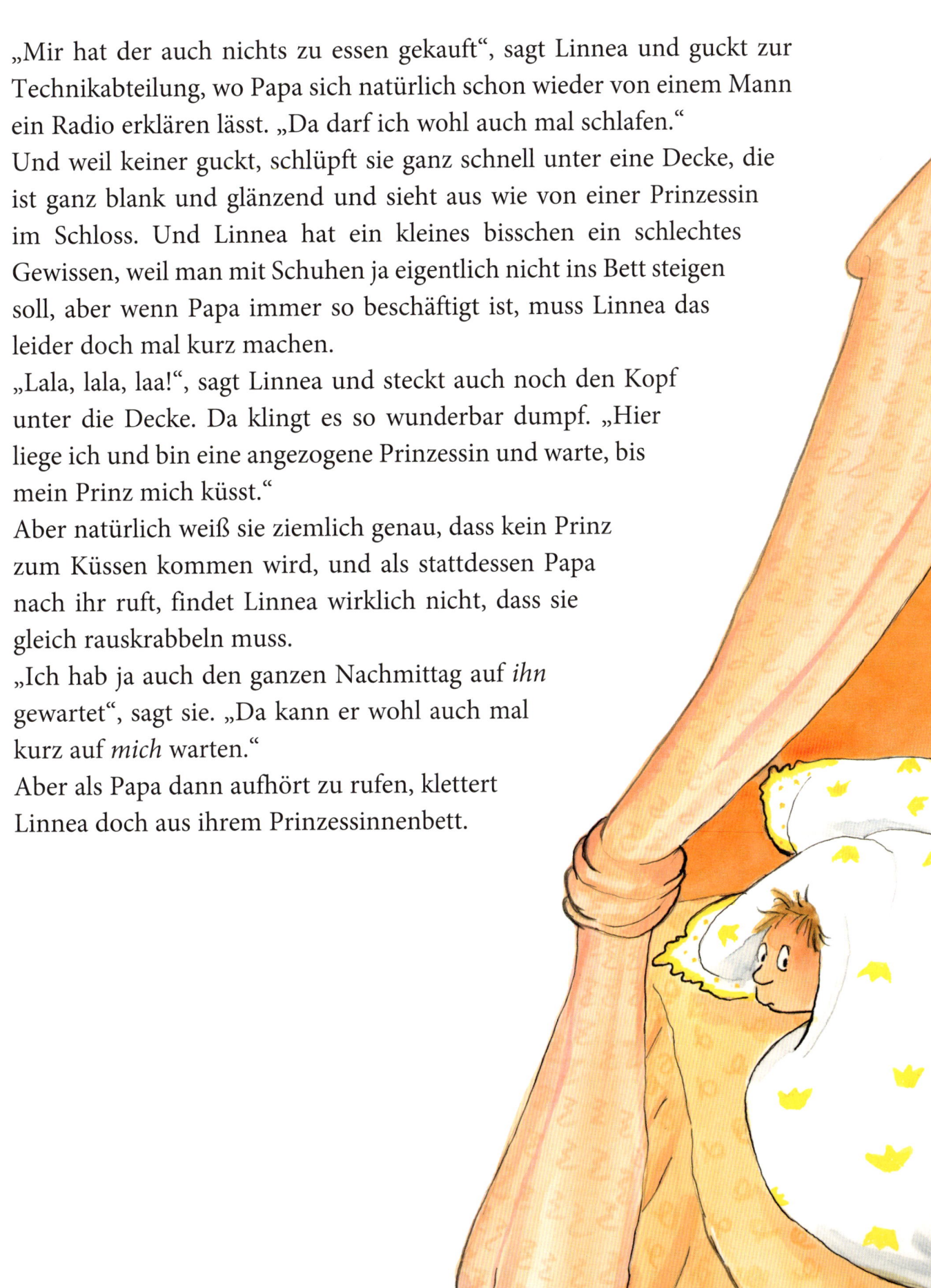

„*Kurz* warten kann er ja mal", sagt sie und guckt in die Technikabteilung. „Aber nicht zu lange."

In der Technikabteilung ist kein Papa zu sehen und zwischen den Betten auch nicht. „Papa?", ruft Linnea und guckt sich überall um. „Papa? Jetzt hab ich wieder Zeit!" Aber kein Papa kommt, um Linneas Hand zu schnappen und ganz eilig mit ihr in das nächste Technikgeschäft zu laufen.

„Papa?", ruft Linnea, aber Papa ist nicht hinter den Fernsehern versteckt, und Papa ist auch nicht unter den Betten, und da merkt Linnea, dass ihre Augen sich ganz warm anfühlen. „Papa!", schreit sie. „Papa, wo bist du?" Aber Papa ist nirgends zu entdecken.

„Papa?", schreit Linnea. Papa kann doch wohl nicht einfach sein Kind in der Bettenabteilung vergessen! So was geht doch nicht! Aber jetzt sieht sie ja, dass Papa das doch kann. Er hat ja gleich nicht gewollt, dass Linnea mit ihm kommt, da ist er jetzt vielleicht ganz froh, dass er sie los ist.

„Papa?", flüstert Linnea, und jetzt muss sie wirklich noch weinen. „Papa, wo bist du denn!" Und als sie schon wieder losrennen will, fühlt sie plötzlich eine Hand auf ihrer Schulter und einen Bauch an ihrem Gesicht, das ist ein fremder Bauch, und die Frau, der er gehört, zieht Linnea ganz fest zu sich ran und schuckelt sie ein bisschen wie ein ganz kleines Kind. „Na, na, na", sagt die fremde Frau. „Hast du deinen Papa verloren? Den finden wir ganz bestimmt wieder!"

Dann bringt sie Linnea zu einer Verkäuferin, und die sagt, dass Linnea sich keine Sorgen machen muss. Sie gehen jetzt zu einem Mikrofon und sagen durch, dass ein kleines Mädchen seinen Papa sucht, und das kann man dann im ganzen Kaufhaus hören.

„Dein Papa hört das dann auch!", sagt die Verkäuferin und lächelt Linnea mit so einem schön geschminkten Gesicht an, wie sie das hier alle haben. „Und dann holt er dich ab."

Da zieht Linnea die Nase hoch und hört auf zu weinen. So ist das im Kaufhaus, das hat Mama ihr auch schon erzählt. Da muss sie sich gar keine Sorgen mehr machen.

„Und wie heißt du denn?", fragt die Verkäuferin. Jetzt sind sie schon beim Mikrofon. „Sag mal deinen Namen."

Aber so ganz schnell kann Linnea den leider nicht sagen. Da muss sie zuerst noch mal einen Augenblick nachdenken.

Was ist denn, wenn in dem Kaufhaus nun noch andere Leute sind, die Linnea kennen? Und die hören dann, dass sie verloren gegangen ist wie ein Baby, und lachen über sie? „Anna-Maria", sagt Linnea und zieht noch mal die Nase hoch. Das ist ein sehr schöner Name.

„So heiß ich."

„Ja, fein, Anna-Maria", sagt die Verkäuferin. „Das sag ich jetzt durch."
Und dann drückt sie auf einen Knopf am Mikrofon und sagt mit einer wunderbar vornehmen Stimme: „Achtung, eine Durchsage. An der Information wartet die kleine Anna-Maria auf ihren Papa. Bitte kommen Sie zur Information im vierten Stock." Sie lässt den Knopf wieder los und lächelt Linnea an. „Jetzt ist dein Papa sicher gleich da."
Linnea nickt. Im ganzen Kaufhaus hat man das gehört! Das muss sie am Montag vielleicht doch im Kindergarten erzählen. Da ist bestimmt noch keiner verloren gewesen. Die Verkäuferin drückt noch mal auf den Knopf. „Achtung, wir wiederholen unsere Durchsage", sagt sie. „An der Information im vierten Stock wartet die kleine Anna-Maria …"
Und da sieht Linnea, wie Papa angeschnauft kommt. Wirklich, er schnauft richtig doll, wie er da die Rolltreppe hochstürmt, von dem bisschen Rennen schnauft er schon, aber natürlich ist er auch schon alt.
„Papa!", schreit Linnea. Und „Linnea!", schreit Papa, und dann packt er sie an den Schultern und rüttelt sie ein bisschen und nimmt sie leider gar nicht glücklich auf den Arm, wie das ein Vater im Fernsehen bestimmt gemacht hätte. „Linnea, wo warst du denn!"

„Das ist Ihre Tochter?", sagt die schöne Verkäuferin. Sie klingt ein bisschen unfreundlich. Bestimmt kann sie sich gar nicht vorstellen, wie ein Papa sein Kind verlieren kann. „Sie war ziemlich aufgelöst, wissen Sie."

„Ja, vielen Dank", sagt Papa. Und dann zieht er Linnea zu der Rolltreppe, die nach unten führt. „Wo bist du denn gewesen? Ich hab die ganze Spielzeugabteilung nach dir abgesucht!"

„Da war ich ja gar nicht", sagt Linnea.

„Und wieso *Anna-Maria*?", fragt Papa, als sie schon unten im Erdgeschoss sind. „Wieso hast du gesagt, dass du Anna-Maria heißt? Zuerst hab ich gar nicht verstanden, dass *du* das bist!"

Aber Linnea kneift die Lippen zusammen. Wenn Papa nicht versteht, dass sie nicht will, dass das ganze Kaufhaus ihren Namen hört, dann braucht Linnea ihm das gar nicht erst zu erklären.

„Und wo bist du die ganze Zeit gewesen?", fragt Papa und zieht Linnea in die schöne große Drehtür. „Darf ich *das* wenigstens erfahren?"

„Bei den Betten doch", sagt Linnea, und da fällt es ihr plötzlich ein. „Meine Linni!", schreit sie erschrocken. „Ich hab ja meine Linni vergessen!"

„Das meinst du jetzt nicht ernst", sagt Papa und bleibt stehen. „Sag nicht, wir müssen jetzt das ganze Kaufhaus nach dieser Puppe absuchen."

Aber Linnea tippt sich gegen den Kopf. „Piep, piep, piep!", sagt sie energisch und fährt schon wieder mit der Drehtür zurück ins Kaufhaus. „Ich hab sie ja nicht verloren, denk dir mal. Ich hab sie bloß vergessen bei all dem Schreck", und dann zieht sie Papa zur Rolltreppe, und sie fahren und fahren, und durch den Lautsprecher sagt eine Stimme, dass das Kaufhaus jetzt geschlossen wird.

Aber da sind sie zum Glück auch schon im vierten Stock, und Linnea rennt zu dem Bett mit dem niedlichen blauen Mäusekissen, und da liegt Linni immer noch so gemütlich und hat die Augen zu und schläft mit ihren kleinen Schuhen an den Füßen.

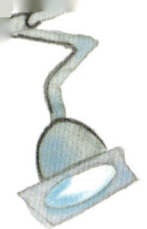

„Linni!", sagt Linnea und nimmt sie auf den Arm und drückt sie ganz fest, und da klappt Linni ihre Augen auf. „Nun musst du aber wach werden, Linni. Ich hab dich ja gar nicht verloren."
Dann flitzt sie zu Papa zurück, der an der Rolltreppe auf sie gewartet hat. „Mamas verlieren ihre Kinder nämlich nicht, übrigens", sagt sie streng und guckt Papa ein bisschen strafend an. „Nur Papas. Das ist nun mal so."

Als sie bei Papa zu Hause ankommen, sitzen Anna und Magnus immer noch vor dem Video.

„Eis für alle!", ruft Papa und stellt ein Papptablett auf den Küchentisch. „Na, war dir gar nicht langweilig, Linnea?", fragt Anna und drückt auf den Ausschaltknopf. Linnea tippt sich an die Stirn. „Piep, piep, piep", sagt sie. „Und meiner Linni auch nicht, übrigens. Die hatte einen richtig guten Nachmittag mit ihrem Opa, denk dir mal."

Dann essen sie alle gemütlich ihr Eis.

Quellenverzeichnis

Ute Krause, Dorothy Palanza: Helma legt die Gockel rein
© Verlag Friedrich Oetinger GmbH, Hamburg 2004

Astrid Lindgren, Rolf Rettich: Pippi feiert Geburtstag
© Verlag Friedrich Oetinger GmbH, Hamburg 1999
© Saltkråkan AB/Astrid Lindgren 1945 (Text)
Deutsch von Cäcilie Heinig

Kirsten Boie, Katrin Engelking: Bärenmärchen
© Kirsten Boie, 1999 (Text)
© Katrin Engelking, 1999 (Bild)

Erhard Dietl: Wenn ich groß bin (Auszug)
© Erhard Dietl, 1993

Kirsten Boie, Jutta Timm: Ein Stier im Wohnzimmer
© Kirsten Boie, 1998 (Text)
© Jutta Timm, 1998 (Bild)

Paul Maar, Reinhard Michl: Tierische Freundschaften (Auszug)
© Paul Maar, 2001 (Text)
© Reinhard Michl, 2001 (Bild)

Lieve Baeten: Kleiner, schrecklicher Drache
© Verlag Friedrich Oetinger GmbH, Hamburg 2000
© Lieve Baeten, Zonhoven 2000 (Text, Figuren und Bilder) /
Erben Lieve Baeten, 2001
Deutsch von Angelika Kutsch

Eva Eriksson: Bella geht einkaufen
© Eva Eriksson, 1998
Die schwedische Originalausgabe erschien bei
Eriksson & Lindgren Bokförlag, Stockholm, unter dem Titel „Malla handlar"
Deutsch von Angelika Kutsch

Lena Arro, Catarina Kruusval: Makrelen-August fährt zur See
© Lena Arro, 2000 (Text)
© Catarina Kruusval, 2000 (Bild)
Die schwedische Originalausgabe erschien bei
Rabén & Sjögren Bokförlag, Stockholm,
unter dem Titel „Gubbar och galoscher!"
Veröffentlicht durch Vermittlung von Pan Agency
Deutsch von Angelika Kutsch

Kirsten Boie, Silke Brix: Linnea geht nur ein bisschen verloren
© Verlag Friedrich Oetinger GmbH, Hamburg 1999

Falls noch Urheberrechte bestehen, die wir nicht
ermitteln konnten, bitten wie die Rechteinhaber,
sich mit dem Verlag in Verbindung zu setzen.

Wir haben die schönsten Bilderbücher!

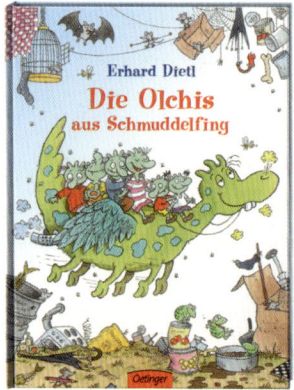
ISBN 978-3-7891-6410-1

ISBN 978-3-7891-6306-7

ISBN 978-3-7891-7009-6

ISBN 978-3-7891-6955-7

ISBN 978-3-7891-7319-6

ISBN 978-3-7891-6916-8

ISBN 978-3-7891-6510-8

ISBN 978-3-7891-6846-8

ISBN 978-3-7891-6855-0

ISBN 978-3-7891-7771-2

Auf in den Tischlerschuppen von Pettersson und Findus, hoch in die Lüfte mit den Olchis und ran an den Schatz mit Käpten Knitterbart! In den schönsten Bilderbüchern von Oetinger entdecken die Kinder bei jedem Lesen Neues – und Spaß und Spannung sind immer dabei.

Oetinger

Weitere Informationen unter www.oetinger.de